BEI GRIN MACHT SICH IHR WISSEN BEZAHLT

- Wir veröffentlichen Ihre Hausarbeit,
  Bachelor- und Masterarbeit

- Ihr eigenes eBook und Buch -
  weltweit in allen wichtigen Shops

- Verdienen Sie an jedem Verkauf

Jetzt bei www.GRIN.com hochladen und kostenlos publizieren

Anna Lietz

Franz Fühmann – eine Biographie im Hinblick auf die Titelgeschichte "Das Judenauto" aus der Prosasammlung "Das Judenauto"

GRIN Verlag

Bibliografische Information der Deutschen Nationalbibliothek:

Die Deutsche Bibliothek verzeichnet diese Publikation in der Deutschen National-bibliografie; detaillierte bibliografische Daten sind im Internet über http://dnb.d-nb.de/ abrufbar.

Impressum:

Copyright © 2006 GRIN Verlag GmbH
Druck und Bindung: Books on Demand GmbH, Norderstedt Germany
ISBN: 978-3-656-26365-4

Dieses Buch bei GRIN:

http://www.grin.com/de/e-book/199857/franz-fuehmann-eine-biographie-im-hin-blick-auf-die-titelgeschichte-das

GRIN - Your knowledge has value

Der GRIN Verlag publiziert seit 1998 wissenschaftliche Arbeiten von Studenten, Hochschullehrern und anderen Akademikern als eBook und gedrucktes Buch. Die Verlagswebsite www.grin.com ist die ideale Plattform zur Veröffentlichung von Hausarbeiten, Abschlussarbeiten, wissenschaftlichen Aufsätzen, Dissertationen und Fachbüchern.

Besuchen Sie uns im Internet:

http://www.grin.com/

http://www.facebook.com/grincom

http://www.twitter.com/grin_com

Ruprecht-Karls-Universität Heidelberg
Germanistisches Seminar
Hauptseminar: Mythos und Zeitgeschichte in der Nachkriegsliteratur

Wintersemester 2005/06

Referatsausarbeitung

Franz Fühmann – eine Biographie im Hinblick auf die Titelgeschichte *Das Judenauto* aus der Prosasammlung *Das Judenauto*

Abgegeben am 6. April 2006

Vorgelegt von:

Anna Lietz

1

Franz Führmann – eine Biographie im Hinblick auf die Titelgeschichte aus der

Prosasammlung *Das Judenauto*

Inhaltsverzeichnis

I. Einleitung

Franz Fühmann (15. Januar 1922 – 8. Juli 1984) war ein deutscher Schriftsteller. Er lebte und wirkte als Lyriker, Erzähler, (Nach)Dichter, Essayist und Kinderbuchautor in der DDR. „Im Schoß der Familie kaum jemals wirklich geborgen"[1], in seiner Jugend durch den Nationalsozialismus geprägt, wurde er nach dem Krieg Anhänger des Sozialismus, dem er aber zunehmend kritisch gegenüber stand und von dem er in seinen späteren Jahren bitter enttäuscht war. In dieser Arbeit werde ich mich mit Franz Fühmanns Biographie im Hinblick auf die Titelgeschichte aus der Prosasammlung *Das Judenauto*[2] beschäftigen. Dabei gehe ich wie folgt vor: im ersten Teil werde ich mich mit Fühmanns Leben auseinandersetzen. Im zweiten Abschnitt dieser Arbeit werde ich auf Fühmanns literarisches Werk eingehen. Zuerst werde ich hier seine Verdienste für die Literatur aufzeigen, anschließend auf den Begriff der Wandlung eingehen und schließlich Fühmanns als Mythen- und Märchendichter und Kinderbuchautor aufzeigen. Im letzten Abschnitt meiner Arbeit werde ich mich mit seiner Prosasammlung *Das Judenauto* beschäftigen. Dabei werde ich eine Inhaltsangabe der Titelgeschichte liefern und zuletzt die Titelgeschichte *Das Judenauto* aus der gleichnamigen Prosasammlung interpretieren.

II. Franz Fühmanns Leben

> Ich gehöre einer Generation an, die über Auschwitz zum Sozialismus gekommen ist. Jahrgang 1922; rüde nationalistisch-faschistische Lebenssphäre (Sudetenland, Vater Begründer der Ortsgruppe der NSDAP in meinem Heimatdorf); Kindheit im „Deutschen Turnverein" (HJ); „Wir wollen heim ins Reich"; nach der Okkupation SA, „Führer befiehl, wir folgen!"; Angst, zum Kriegseinsatz zu spät zu kommen; freiwillige Meldung nach dem Abitur 1941 RAD, Wehrmacht, Osten, Süden, Lazarett, Kapitulation, 5 Jahre Kriegsgefangenschaft[3].

---

[1] Richter, H.: Franz Fühmann. Ein deutsches Dichterleben. Berlin & Weimar 1992, S. 11.

[2] Immer wenn der Titel eines von Fühmanns Werken erscheint, werde ich diesen kursiv hervorheben. Auch Zitate aus seiner Erzählung *Das Judenauto* werde ich kursiv schreiben.

[3] Fühmann, F.: Antwort auf eine Umfrage. In Horst Simon (Hg.): Zwischen Erzählen und Schweigen. Ein Buch des Erinnerns und Gedenkens, Franz Fühmann zum 65. Rostock, S. 7-11, hier S. 8.

Im Folgenden werde ich erst auf Franz Fühmanns Kindheit und Jugend im Sudetenland eingehen, anschließend auf seine Schulzeit, da der Ich-Erzähler in *Das Judenauto* auch noch zur Schule geht und ein enger biographischer Bezug ersehbar ist. Danach werde ich die sowjetische Kriegsgefangenschaft und das Antifa-Lager beschreiben, welches Fühmann prägte. Abschließend werde ich mich mit seinem Leben als Sozialist in der DDR beschäftigen.

II.1 Kindheit und Jugend im Nationalsozialismus (1922-1945)

Franz Fühmann wurde am 15. Januar 1922 in Rochlitz an der Iser im Riesengebirge als Sohn des Apothekers und Besitzers einer kleinen Fabrik pharmazeutischer Artikel Josef Rudolf Fühmann (17. April 1886 – 10. Juli 1945) und seiner Gattin Margarethe (3. September 1893 – 22. Februar 1982), geborene Gabriel, geboren. Im Werk von Franz Fühmann erschien sein Vater im „Bild eines politisch ehrgeizigen und sogar risikobereiten Nazis"[4]. Entgegen diesen Darstellungen ist es jedoch fraglich, welche politische Rolle der Vater in Rochlitz tatsächlich gespielt hat. Daher ist es unmöglich, „ein objektives Bild des politischen Menschen Josef Rudolf Fühmann zu rekonstruieren"[5]. In der Öffentlichkeit war er ein angesehener Mann, er galt „als ein "guter Deutscher", das heißt, dass er [...] deutsch-national gesinnt war, was aber nicht nationalsozialistisch bedeutet"[6]. Franz Fühmann wuchs gemeinsam mit seiner Schwester Grete, die 1924 geboren wurde, in einer Atmosphäre „von Kleinbürgertum und Faschismus" [7] auf. Die Ehe der Eltern lief nicht sehr gut, denn „während sich der sinnliche Mann mehr und mehr dem Trunk ergibt, hängt die Frau in hohem Grade von übersinnlichen Vorstellungen ab"[8]. Während der Vater also ein geselliger und extrovertierter Mensch war, war Fühmanns Mutter ein sensibler und introvertierter Mensch. Dennoch hatte Franz Fühmann trotz der unterschiedlichen Gesinnung seiner Eltern eine schöne Kindheit, in der es ihm an nichts mangelte.

---

[4] Richter 1992, S. 80.
[5] Richter 1992, S. 81.
[6] Heinze, B.: Franz Fühmann. Eine Biographie in Bildern, Dokumenten und Briefen. Rostock 1998. S. 11, Änderung & Auslassung von B.H.
[7] Böttcher, K.: Fühmann, Franz. In Günter Albrecht, Kurt Böttcher, Herbert Greiner-Mai & Paul Günter Krohn (Hg.): Lexikon deutschsprachiger Schriftsteller. Von den Anfängen bis zur Gegenwart. Band 1 / A-K. Leipzig 1974, S. 240-241, hier S. 240.
[8] Richter 1992, S. 84.

4

II.2 Franz Fühmanns Schulzeit

Als Fühmann fünf Jahre alt war, engagierten seine Eltern eine Hauslehrerin, denn er sollte „mit möglichst großem Vorsprung in die Schule eintreten"[9]. Dies schaffte jedoch eine starke Isolation und „Vereinzelung"[10]. Dennoch mangelte es ihm nie an Selbstbewusstsein. Jedoch war „seine Ausdrucksweise (...) mit keinem anderen Gleichaltrigen zu vergleichen"[11]. Er hatte nämlich einen „sehr reichen Wortschatz, so dass es (...) manchmal schwer fiel, seinen Gedankengängen zu folgen oder sie gar zu verstehen"[12]. Von 1928 bis 1932 besuchte Fühmann die Volksschule in Rochlitz und wurde dann ins Jesuitenkonvikt Kalksburg bei Wien aufgenommen. Dort erlebte er 1934 den Wiener Arbeiteraufstand „aus der Ferne"[13]. 1936 brach er aus dem Kloster aus und besuchte das Gymnasium zu Liberec (Reichenberg). Im gleichen Jahr trat er dem Deutschen Turnverein (Sudentendeutsche HJ) bei. 1938 nahm Fühmann am Turn- und Sportfest Breslau ("Wir wollen heim ins Reich") teil und trat in die Reiter-SA ein. Nach der "Heimkehr ins Reich" ging Fühmann „in Stiefeln und Braunhemd in die Schule, (...) fiel (...) durch, nicht wegen des Braunhemds, sondern weil [er] in fünf Fächern der Minimalkenntnisse ermangelte"[14]. Anschließend besuchte er das private Reform-Realgymnasium Hohenelbe (Vrchlabi), wo er 1941 ein Kriegsabitur bestand. Folgend wurde Fühmann „Rekrut, auch eine Schulzeit; dann, hinter Stacheldraht, in der Kriegsgefangenschaft, eine antifaschistische Schule"[15].

II.3 Sowjetische Kriegsgefangenschaft und Antifa-Lager (1945-1949)

Im Jahre 1941 trat Fühmann der Wehrmacht bei und war in verschiedenen Nachrichtenabteilungen in der besetzten Sowjetunion und in Griechenland im Einsatz. 1945, mit 23 Jahren geriet er in Kriegsgefangenschaft im sowjetischen Kriegsgefangenenlager im Urwald bei Neftegorsk/Kaukasus. Ein Jahr später wurde er zur Antifa-Zentral-Schule Noginsk bei Moskau kommandiert. Nach Beendigung des Kurses wurde er an Schulen in Noginsk, Rjasan und Ogre bei Riga als Assistent, Lehrer

---

[9] Richter 1992, S. 86.
[10] Fühmann, F.: Den Katzenartigen wollten wir verbrennen. In Horst Simon (Hg.): Zwischen Erzählen und Schweigen. Ein Buch des Erinnerns und Gedenkens, Franz Fühmann zum 65. Rostock 1987, S. 13-23, hier S. 13.
[11] Heinze 1998, S. 18.
[12] Heinze 1998, S. 18.
[13] Heinze 1998, S. 9.
[14] Fühmann 1987, S. 13.
[15] Fühmann 1987, S. 13-14.

und Lehrgruppenleiter übernommen. In den Jahren seiner Kriegsgefangenschaft, war die Behandlung ihm gegenüber „immer einwandfrei und absolut korrekt"[16]. Seine politische Gesinnung wandelte sich in dieser Zeit grundlegend. „Moralisch erschüttert und marxistisch belehrt"[17], bekannte sich Fühmann zur Gegenkraft Hitlers, der UdSSR. Er begann den Sozialismus „selbstkritisch zu verehren, dem weithin gerühmten Stalin zu vertrauen und überzeugt auf die Alternative des Sozialismus zu bauen"[18]. Bedingt durch die politische Umerziehung des Antifa-Lagers fühlte Fühmann „sich auf der besten Seite der Welt, der friedliebenden Sowjetunion, die, so sah er es, mit allen sich von Krieg und Unterdrückung befreienden Kräften im Bündnis stand"[19]. Für diese Gesellschaft war er „ständig bereit zum Kampf"[20].

II.4 Fühmann als Sozialist in der DDR (1949-1984)

1949 wurde Fühmann aus der Kriegsgefangenschaft entlassen und kehrte zurück nach Deutschland, in die DDR, wo er bis zu seinem Tod am 8. Juli 1984 in Märkisch Buchholz und Berlin-Ost lebte. Er trat in die NDPD (Nationaldemokratische Partei Deutschlands) ein, eine der DDR-Blockparteien. 1952 wurde er Mitglied des Parteivorstandes der NDPD. Demnach half Fühmann mit „jugendlicher Begeisterung (…) beim Aufbau der Gesellschaft seiner Wahl, anfangs sogar als hauptberuflicher Politiker, immer aber als ein literarischer Schwerarbeiter, als ein besessener Schriftsteller"[21]. Seine Mitgliedschaft in der NDPD endete jedoch 1972 „durch brieflichen Antrag Fühmanns, ihn (...) zu streichen"[22]. 1950 heiratete er Ursula Böhm. Zwei Jahre später kam die gemeinsame Tochter Barbara zur Welt. 1950 wurden erste Abdrucke seiner Gedichte in Zeitungen veröffentlicht. Im Jahr 1960 erschien sein letztes Gedicht und er begann sich intensivsten Nachdichtungen zu widmen, mit denen er bereits 1951 begonnen hatte. Mit dem Reisetagebuch *Zweiundzwanzig Tage oder Die Hälfte des Lebens* begann sich Fühmann zunehmend kritischer mit der sozialistischen

---

[16] Heinze 1998, S. 48.
[17] Richter 1992, S. 11.
[18] Richter 1992, S. 11.

[19] Loest, E.: Bruder Franz. Drei Vorlesungen über Franz Fühmann gehalten an der Universität Paderborn im Jahre 1985. Paderborn 1986. S. 7.
[20] Heinze 1998, S. 42.
[21] Richter 1992, S. 12.
[22] Heinze 1998, S. 160.

Gesellschaft der DDR auseinanderzusetzen. Er versuchte mit einer Vielzahl von Briefen an DDR-Politiker, diese von Änderungen an ihrer Politik, vor allem der Kulturpolitik, zu überzeugen. Später tat er dies auch öffentlich. Zunehmend zog sich Fühmann aus kulturpolitischen Zusammenhängen der DDR, wie dem Schriftstellerverband der DDR und der Akademie der Künste, zurück. In seinen letzten Lebensjahren begann er, an den politischen Bedingungen in der DDR zu verzweifeln. Besonders deutlich wird diese in seinem Briefwechsel mit Christa Wolf (*Monsieur - wir finden uns wieder*). Von 1958 bis zu seinem Tode war er als freier Schriftsteller tätig. Neben eigener schriftstellerischer Tätigkeit war Fühmann auch kulturpolitisch tätig. So förderte er junge Autoren und setzte sich für Schriftsteller ein, die unter Schikanen und Repressionen der DDR-Führung zu leiden hatten.

III. Fühmanns literarisches Werk

Franz Fühmann war ein vielseitiger Autor, der neben frühen eigenen Gedichten, Nachdichtungen aus dem Tschechischen und Ungarischen, vielen Büchern für Kinder und junge Leser, Essays und einem reichhaltigen erzählerischen Werk auch ungewöhnliche literarische Versuche unternommen hat. So schrieb er beispielsweise ein Ballett und brachte zusammen mit einem Fotografen ein Buch über Menschen mit geistiger Behinderung heraus (*Was für eine Insel in was für einem Meer*). Im Folgenden werde ich zuerst Fühmanns Verdienste für die Literatur aufzeigen und anschließend auf den Begriff der Wandlung eingehen, den Fühmann für sich prägte. Danach werde ich die Bedeutung der Märchen und Mythen für Fühmann aufzeigen und schließlich auf sein liebstes Publikum, die Kinder, eingehen.

III.1 Fühmanns Verdienste für die Literatur

1942 veröffentlichte Fühmann als „überzeugter Nationalsozialist"[23] erste Gedichte. Die sowjetische Kriegsgefangenschaft wurde jedoch zum „Wendepunkt seines Lebens"[24], was sich auch in seinen Erzählungen widerspiegelt. Als seinen tatsächlichen Eintritt in

---

[23] Meyer-Scupin, C.: Das lyrische Werk. In Walter Jens (Hg.): Kindlers Neues Literatur Lexikon. München 1989, S. 893-894, hier S. 893.
[24] Böttcher 1974, S. 240.

die Literatur sah Fühmann das Reisetagebuch *Zweiundzwanzig Tage oder Die Hälfte des Lebens (1973)*. Es stellt eines seiner Hauptwerke dar. In Form einer Ungarnreise reflektiert er darin über unterschiedliche Themen. Mit seinen Essays hat Fühmann zur Veröffentlichung von Autoren beigetragen, deren Werke in der DDR kaum oder nicht herausgegeben wurden, zum Beispiel Sigmund Freud und Georg Trakl. Fühmann machte sich auch einen Namen „als einfühlsamer Nachdichter moderner Lyrik sozialistischer Länder"[25] (Nachdichtungen von Gedichten und Liedern aus ČSR, Polen, Ungarn). Im Laufe seines Lebens erhielt er mehrere Auszeichnungen und Preise. Im Jahr 1953 wurde er Vorstandsmitglied des 1952 gegründeten Deutschen Schriftstellerverbandes und 1961 Mitglied der Deutschen Akademie der Künste. Franz Fühmann erhielt 1956 den Heinrich-Mann-Preis. 1957 wurde er für die Novelle Kameraden, „die ihn in der Wertskala der DDR-Schriftsteller nach oben schellen ließ"[26] mit dem Nationalpreis der DDR ausgezeichnet. 1978 erhielt er die „Auszeichnung mit dem Kritikerpreis 1977 des Verbandes deutscher Kritiker e.V. Westberlin"[27], was zeigt, dass Fühmanns literarisches Werk nicht nur in der DDR, sondern auch in der Bundesrepublik Deutschland Beachtung fand.

III.2 Der Begriff der "Wandlung" im Werk von Franz Fühmann

Der Begriff der "Wandlung", seine persönliche Wandlung vom Anhänger des Nationalsozialismus zum damals noch überzeugten Sozialisten, die Möglichkeit der Wandlung überhaupt ist für Fühmann sehr wichtig. Fühmann stellt in seinen Werken die Wandlung jedoch nicht als kurzen, begrenzten Zeitraum dar, sondern als „lebenslange(n), unabschließbare(n) Prozeß der kritischen Selbstprüfung und Auseinandersetzung mit der Vergangenheit"[28]. Das beherrschende Thema

> von Fühmanns Werken [war] die Beschäftigung mit dem Nationalsozialismus, von dem er selbst als Jugendlicher fasziniert war, die Reflexion über Voraussetzungen und Folgen dieses Denkens, das sich auch dann noch im Bewußtsein der Menschen festsetzte, wenn es offensichtlich durch die Wirklichkeit dementiert worden war[29].

---

[25] Böttcher 1974, S. 240.
[26] Loest 1986, S. 9.
[27] Heinze 1998, S. 161.
[28] Wittstock, U.: Über die Fähigkeit zu trauern. Das Bild der Wandlung im Prosawerk von Christa Wolf und Franz Fühmann. Frankfurt am Main 1987. S. 160.
[29] Wilhelm, G.: Das Judenauto. Vierzehn Tage aus zwei Jahrzehnten. In Walter Jens (Hg.): Kindlers Neues Literatur Lexikon. München 1989, S. 895.

Fühmann machte sich daher „die Judenvernichtungsstätte Auschwitz zum quälenden Inbegriff mitverschuldeten Massenmordes"[30]. Damit leistet er „literarische Trauerarbeit"[31], denn indem er seine eigenen Kindheits- und Jugenderfahrungen schildert, versucht er so auch „ein Stück deutscher Geschichte zu bewältigen"[32]. Franz Fühmann wollte „nicht viel in der Vergangenheit wühlen"[33], sondern daraus Lehren ziehen für die Gegenwart. Damit sah er das Schreiben „als Versuch, Leben erinnernd zurückzugewinnen und ihm dadurch Dauer zu geben"[34]. Er schrieb „gegen das Vergessen, gegen den Verfall des eigenen Gewissens, gegen neu, sich ergänzende Schuld, die Verteidigung der Wahrheit, die immer auf die *ganze Wahrheit* hinaus will"[35]. Immer wieder versuchte er auf literarische Weise herauszufinden, wie er zum Nationalsozialisten geworden war. Diese Entwicklung wollte er für die deutsche Gesellschaft aufzeigen. Aber nicht nur diese Entwicklung faszinierte ihn, sondern auch die „Wandlung vom nationalsozialistisch indoktrinierten Jugendlichen zum überzeugten Marxisten hat [sein] literarisches Werk nicht nur zutiefst geprägt, sondern wurde von [ihm] auch wiederholt zum Thema gemacht"[36]. Der Entlarvung des deutschen Faschismus sind auch die Erzählungen des Bandes *Das Judenauto* gewidmet, mit dem ich mich in Kapitel IV dieser Arbeit beschäftigen werde.

III.3 Fühmann als Märchen- und Mythendichter

Ein weiterer inhaltlicher Schwerpunkt von Fühmanns literarischem Schaffen waren My-then, Märchen und Sagen. Die Beschäftigung damit durchdringt viele seiner Werke von der Kinderliteratur über seine Erzählungen bis hin zu seinem essayistischen Werk. Fühmanns Faszination für alles Mythische und Märchen kommt aus seiner Kindheit, denn

> ich komme aus einer Landschaft her, wo die Märchen einfach zu Hause sind. Das ist in so einem Gebirgstal im Riesengebirge, wo man jeden Winter einschneite, wo man sich in jedem Winter aus Schneemassen herausgraben musste und wo es

---

[30] Richter 1992, S. 11.
[31] Wittstock 1987, S. 8.
[32] Wittstock 1987, S. 8.
[33] Heinze 1998, S. 49.
[34] Richter 1992, S. 23.
[35] Renolder, K.: Ach Du Engel meines Vaterlandes. Die böhmische Kindheit – auf den Wegen durch Österreich. In Horst Simon (Hg.): Zwischen Erzählen und Schweigen. Ein Buch des Erinnerns und Gedenkens. Franz Fühmann zum 65. Rostock 1987, S. 113-130, hier S. 114-115.
[36] Wittstock 1987, S. 7.

Felshöhen gab und Schluchten und Quellen und Grotten, und da lebte eben Rübezahl, und da gab es eben Gnome und Feen und Gespenster so wie Bäume und Steine. Mit den Märchen bin ich aufgewachsen, mit Grimm und Bechstein und Andersen. Das waren für mich ganz selbstverständliche Realitäten gewesen, ganz unmittelbarer Alltag, die Grimmschen Märchen, die klassischen griechischen Sagen[37].

III.4 Fühmann als Kinderbuch-Autor

Seit Mitte der sechziger Jahre hat Fühmann sich auch als Kinderbuchautor betätigt. So hat er „der sozialistischen Kinder- und Jugendliteratur durch Neugestaltung traditionsstiftender Stoffe der Weltliteratur neue Bereiche eröffnet"[38]. Literatur für Kinder und Jugendliche zu schreiben war Fühmann Zeit seines Lebens ein wichtiges Anliegen, denn

die Kinder sind das dankbarste, das intelligenteste, das kritischste, das verständigste, das aufgeschlossenste, das sachkundigste, kurzum, das ideale Publikum. Also für Kinder zu schreiben (...) das ist einfach eine Freude und eine Wohltat. Ich mach´s also nicht zuletzt aus dem ganz egoistischen Grunde, weil ich mich dabei erhole, weil es mir unheimlichen Spaß macht[39].

Sein erstes Kinderbuch schrieb er auf Wunsch seiner Tochter. Später folgte eine Vielzahl weiterer Bücher, unter anderem Märchen, Kasperlestücke, Bücher, die sich mit Sprache beschäftigten und damit spielten (*Lustiges Tier-ABC, Die dampfenden Hälse der Pferde im Turm von Babel*) und etliche Nacherzählungen von klassischen literarischen Stoffen und Sagen (*Reineke Fuchs, Das Hölzerne Pferd, Prometheus. Die Titanenschlacht*).

---

[37] Heinze 1998, S. 14.
[38] Böttcher 1974, S. 240.
[39] Heinze 1998, S. 290.

IV. Die Prosasammlung *Das Judenauto*

Die vierzehn Erzählungen des Prosasammelbandes *Das Judenauto. Vierzehn Tage aus zwei Jahrzehnten* entstanden zwischen 1959 und 1961 und „markieren jeweils einen entscheidenden Tag der deutschen Geschichte im Zeitraum von 1929 bis 1949, von der Weltwirtschaftskrise über die Ereignisse des Zweiten Weltkriegs bis hin zur Gründung der DDR"[40]. 1962 veröffentlicht, wird aus der Perspektive eines Mannes des Jahrgangs 1922 erzählt. Die Prosasammlung erhält eine Reihe von Ich-Erzählungen, die in chronologischer Abfolge 14 Tage aus 20 Lebensjahren des Dichters (aus der Perspektive des Kindes, des Schülers, des Soldaten, des Kriegsgefangenen, des Heimkehrers) schildern. In *Das Judenauto* greift Fühmann „ohne fiktionale Einkleidung auf persönliche Erfahrungen zurück"[41]. Diese Einkleidung jedoch „dient allein dazu, ideologische Vorstellungen zu illustrieren, nicht dazu, diese kritisch zu überprüfen"[42]. Fühmann macht in den Geschichten sein Leben zum Thema, und obwohl er in seinem Nachwort betont, „daß hier nicht Momente einer Autobiographie im Vordergrund stehen"[43], ist der Bezug der Erzählungen zu seinem Leben deutlich. So erhalten die Texte autobiographische Elemente und sind aus einer persönlichen Erzählhaltung heraus geschrieben, können jedoch nicht „einschränkungslos als Autobiographie bezeichnet werden, da ihnen Fühmann fiktive Elemente beigemengt hat"[44].

IV.1 Inhaltsangabe der Titelgeschichte *Das Judenauto*

Die Titelgeschichte, die der Prosasammlung den Titel gab, *Das Judenauto. 1929, Weltwirtschaftskrise* spielt im Sudetenland und „imaginiert aus der Perspektive eines Kindes den herrschenden Antisemitismus jener Jahre"[45]. In der Erzählung verliebt sich ein Junge das erste Mal. Diese Liebe zu einer Mitschülerin, ein bisher unbekanntes Gefühl, verwirrt den Jungen. In diesem Zustand hört der neunjährige Erzähler in der Schule die grausige Geschichte von den Juden, „die zu rituellen Zwecken Christenkinder töten"[46]. Mit übersteigerter Phantasie nimmt der Junge die Geschichte auf, die ein anderes Mädchen erzählt. Angeblich fahre abends ein gelbes Auto mit *vier*

---

[40] Wilhelm 1989, S. 859.
[41] Wittstock 1987, S. 40.
[42] Wittstock 1987, S. 40.
[43] Wilhelm 1989, S. 895.
[44] Wittstock 1987, S. 73.
[45] Wilhelm 1989, S. 895.
[46] Wilhelm 1989, S. 895.

schwarzen mörderischen Juden durch die Gegend, die schon vier Mädchen geschlachtet und ausgeblutet hätten, um aus ihrem Blut *Zauberbrot* zu backen. Am Nachmittag gleich fühlt sich der Junge verfolgt, als er zwischen den Feldern einen Wagen sieht. Das Auto fährt hinter ihm her und der Junge „wird von heilloser Todesangst heimgesucht"[47]. Der Junge glaubt, dass er nur durch schnelle Flucht sein Leben rettet. Am nächsten Tag berichtet er von diesem Erlebnis in der Schule, brüstet sich jedoch damit, er sei den vier Juden, die *blutige Messer* schwangen, erfolgreich entkommen. Vor allem schildert er das Geschehene, um der besagten Mitschülerin zu imponieren. Seine Erzählung wird von den Mitschülern, wie auch dem Lehrer „mit bewunderndem Grauen aufgenommen"[48]. Jedoch schlägt „seine Hoffnung in den Augen des verehrten Mädchen als Held dazustehen"[49] ins Gegenteil um. Ausgerechnet sie klärt den Jungen darüber auf, dass das Auto ihrem Onkel gehöre, der gerade zu Besuch sei und den Jungen nur nach dem Weg fragen wollte. Sie selbst sah den Jungen als Insasse jenes Wagens schreiend davonlaufen. So setzt sie den Jungen schallendem Gelächter aus und lässt dadurch „ahnungslos eine Liebe in Haß umschlagen"[50]. Daraufhin fühlt sich der Junge gedemütigt und bloßgestellt und „um sein Selbstwertgefühl zu retten, greift er zu einem Mittel, das sich seit Jahrhunderten bewährt hat, er projiziert sein Versagen auf die Juden insgesamt: Gäbe es sie nicht, wäre ihm das alles nicht passiert"[51].

IV.2 Interpretation der Titelgeschichte *Das Judenauto*

In *Das Judenauto* spürt Fühmann der Entstehung politischer Anschauungen in der Kindheit nach. So versucht die Erzählung den Ursprung eines Wandlungsprozesses zu einem Nationalsozialisten aufzudecken. Fühmann fragt sich, „wie kommt in das kindliche Gehirn der grauenvolle Gedanke des Nationalsozialismus hinein, dass einer deswegen ein Feind ist, weil er eine andere Sprache spricht und einem anderen Volk angehört"[52]. In *Das Judenauto* nutzte Fühmann den Stoff seines persönlichen Lebens, und wegen seiner „einseitige[n] Betonung der politischen Aspekte seiner Vergangenheit, [könnte es] als die Memoiren eines durchschnittlichen deutschen

---

[47] Richter 1992, S. 168.
[48] Wilhelm 1989, S. 895.
[49] Richter 1992, S. 168.
[50] Richter 1992, S. 168.
[51] Wilhelm 1989, S. 895.
[52] Josef-Hermann Sauter: *Interview mit Franz Fühmann*. WB 1/1971. S. 43-44. In Wittstock 1987, S. 71.

Landsers im Zweiten Weltkrieg bezeichnet werden"[53]. Da er jedoch den Lebenslauf „in eine Kette prägnanter Momente verwandelt, die relativ selbstständig dargestellt werden können"[54], zeigt *Das Judenauto* nicht nur Fühmanns persönliche Erfahrungen. Er versucht sich in *Das Judenauto* „genauso darzustellen, wie er aus nunmehriger Sicht in den verschiedenen Etappen seines Lebens wirklich oder vermutlich gewesen ist"[55]. Eine Autobiographie beschreibt „das Leben des noch nicht sozialisierten Menschen, die Geschichte seines Werdens und seiner Bildung, seines Hineinwachsens in die Gesellschaft"[56]. Genau dies zeigt Fühmann mithilfe der Titelgeschichte *Das Judenauto*. Dabei kommt es ihm jedoch nicht „auf die individuelle Biographie an, sondern darauf, jede Lebensstation oder –situation in ein überpersönliches, geschichtliches Bezugsfeld zu stellen"[57]. In *Das Judenauto* werden die „protopolitischen Erfahrungen kontrastiert mit den Tagträumen und Phantasien"[58] des neunjährigen Erzählers, dem früheren Selbst des Autors. Dieser Kontrast zwischen der Phantasiewelt und der realen Welt mit ihren realen Handlungen wird jedoch fast ausschließlich aus der Sicht des Kindes dargestellt. Damit erfährt der Leser die Geschichte ganz aus der Perspektive des Jungen. Dieser Junge macht im Laufe der Erzählung einen Prozess durch. Zu Beginn der Erzählung hat der Junge noch kein politisches Bewusstsein, aber Fühmann deutet an, „auf welche Weise sich das Kind durch seine protopolitischen Erfahrungen verändert und entwickelt"[59]. Das Selbstbewusstsein des Jungen entwickelt sich in der Natur:

> *große Vögel schossen jäh aus dem Korn auf; der Mohn neben den Raden lohte drohend, und ich war verwirrt; ich war bisher arglos in der Natur gestanden wie eins seiner Geschöpfe, eine Libelle oder ein wandernder Hahn, doch nun war mir, als ob sie mich von sich stießen und ein Riß aufbräche zwischen meiner Umwelt und mir. Ich war nicht mehr Erde und nicht mehr Gras und Baum und Tier ... und ich fühlte meinen Leib wie etwas Fremdes, wie etwas, das nicht Ich war ...*

Nach diesem einschlägigen Erlebnis verändert sich das Verhalten des Knaben in vielen Bestandteilen. So hatte er in der Schule „eine offensichtlich unglaubwürdige

---

[53] Wittstock 1987, S. 71.
[54] Richter 1992, S. 167.
[55] Richter 1992, S. 166.
[56] Bern Neumann: *Individualität und Rollenzwang*. A.a.O. S. 25. In Wittstock 1987, S. 73.
[57] Richter 1992, S. 166.
[58] Wittstock 1987, S. 74.
[59] Wittstock 1987, S. 75.

Schilderung des Judenautos durch eine Klassenkameradin für wahr gehalten"[60]. Während ihre Geschichte vage und dadurch zweifelhaft erscheint (*Wenn sie gestern nach Böhmisch-Krumma gegangen wäre, ... hätte sie das Judenauto mit eigenen Augen sehn können*), ist „sein eigener Bericht über die Begegnung mit dem Judenauto nach der zitierten Bewußtseinsänderung dagegen (...) zumindest durch seine äußeren Angaben glaubwürdig"[61]. So kann er Ort, Zeit und Umstände der Begegnung benennen und *da waren keine Mogeleien und Widersprüche.* In seinen Tagträumen vor dem Erwachen seines Selbstbewusstsein, sah er sich als Helden, der die Insassen des Judenautos siegreich attackiert, in seinem Bericht vor den Mitschülern und dem Lehrer beschreibt er sich jedoch als Verlierer, ja sogar als Opfer, das *nur durch ganz tolles Hakenschlagen entkommen konnte.* Auch sein Verhalten gegenüber der geliebten Klassenkameradin verändert sich, schlug er zuvor stets die Augen nieder, ist er danach in der Lage ihr *ins Gesicht zu sehen.* Zuvor waren ihm auch die Vorurteile gegenüber Juden nur zugetragen worden, aber nun findet „die verzweifelte Wut des Enttäuschten (...) die an seinem Unglück vermeintlich Schuldigen"[62]: *Juden. Juden Juden Juden Juden. Sie waren daran schuld. Ich haßte sie.* Mit dieser „lautstarke[n] Verinnerlichung des Antisemitismus im Rahmen einer trotzigen Realitätsleugnung"[63] beteiligt sich der Schüler an der Verbreitung der Vorurteile. Er ist neun Jahre alt und Fühmann macht in seiner Erzählung „existentielle Konflikte der beginnenden Pubertätsphase zur Voraussetzung"[64] dieser hier entstehenden antisemitischen Propaganda. So wird das kindliche, bewusstlose Identitätsgefühl des Jungen mit der Natur durch seine „beginnende[n] sexuelle[n] Empfindungen zerstört"[65]. Als das Mädchen die Geschichte der Flucht vor dem langsam nahenden Auto „als hysterische Übertreibung entlarvt (...) so stürzt dies den Knaben in mehrere psychische Ausnahmesituationen zugleich"[66]: erstens wird seine Liebe zu seiner Klassenkameradin zurückgewiesen, zweitens wird er von seinen Mitschülern durchschaut und moralisch verurteilt und „drittens werden ihm, indem sich sicher geglaubte Erfahrungen (... *ich log nicht, ich hatte ja alles selbst erlebt*) als falsch herausstellen, die Folgen des Verlustes seines bewußtlosen Identi-

---

[60] Wittstock 1987, S. 75.
[61] Wittstock 1987, S. 76.
[62] Richter 1992, S. 168.
[63] Richter 1992, S. 169.
[64] Richter 1992, S. 169.
[65] Wittstock 1987, S. 76.
[66] Wittstock 1987, S. 77.

14

tätsgefühls noch einmal schmerzlich vor Augen gestellt"[67]. Aus dieser Situation rettet er sich, „durch die Übernahme eines politischen Vorurteil, das ihm zum einen ein politisches Identitätsgefühl (mit den Nationalsozialisten) vermittelt und zweites anderen als ihm selbst (nämlich den Juden) die Schuld an seinem Mißerfolg zuweist"[68]. Der Junge selbst möchte schuldlos sein, kann dies aber nur, indem andere die Schuld tragen an seiner Misere. So werden die protopolitischen Erfahrungen des Jungen, seine ersten Begegnungen mit antisemitischen Vorurteilen, nicht durch

"Akkumulation und allmählich entstehende begriffliche Ordnung" zu einer kritisch reflektierenden politischen Identität. Vielmehr wird er durch seine schwache Persönlichkeit, genauer: durch seine Unfähigkeit, sich eigene Verfehlungen einzugestehen, gezwungen, sich sofort und vorbehaltlos mit noch völlig unbegriffenen politischen Denkmustern zu identifizieren[69].

Den Prozess der Wandlung stellt Fühmann hier als einmaligen und raschen Schritt dar. Die antisemitischen Vorbehalte entstehen nicht aufgrund mehrerer Ereignisse. Sondern es gibt ein Schlüsselereignis und keine langfristige Entwicklung seines Hasses und seiner Abneigung. *Plötzlich* weiß der Junge, dass die Juden an allem schuld sind. Daher vollzieht sich „die Identifikation des zuvor politisch indifferenten Jungen mit dem antisemitischen Vorurteil (...) in einem Augenblick"[70]. Damit beschreibt Fühmann in der Titelgeschichte von *Das Judenauto* „ein Beispiel[] für protopolitische Erfahrungen, die im Kindes- und Jugendalter den Weg zum Nationalsozialismus bereiten"[71].

V. Fazit

Franz Fühmann hinterließ ein umfangreiches erzählerisches Werk. In seinen Erzählungen setzte er sich intensiv mit der Zeit des Dritten Reiches und seiner eigenen Verstrickung auseinander. Zuerst als Lyriker an die Öffentlichkeit getreten, bewies er zugleich seine dichterische Begabung. Ab den 1960er Jahren jedoch hat sich Fühmann „fast ausschließlich dem Prosaschaffen zugewandt"[72]. Fühmann gehörte zu den wichtigsten Autoren der DDR-Literatur. Lange vor dem Zweiten Weltkrieg geboren,

---

[67] Wittstock 1987, S. 78.
[68] Wittstock 1987, S. 78.
[69] Wittstock 1987, S. 79.
[70] Wittstock 1987, S. 79.
[71] Wittstock 1987, S. 80.
[72] Böttcher 1974, S. 240.

verbrachte er seine Kindheit und Jugend ganz oder zu großen Teilen unter dem Einfluss des Nationalsozialismus. Dies führte dazu, dass er sich zu Hitlers Politik und seinen Ansichten sehr hingezogen fühlte. Nach dem Krieg vollzog Fühmann in seiner Einstellung jedoch einen radikalen Schritt und löste sich von seiner Vergangenheit, indem er versuchte in der sozialistischen DDR eine neue Heimat zu finden. Mit der Titelgeschichte der Prosasammlung *Das Judenauto* gelang Fühmann eine tiefgründige Studie der Psyche eines Individuums. Er zeigt, hierbei, wie Unwahres oder Lüge als Wahrheit ausgegeben wird und auf diese Weise falsche Vorstellungen als wahrhaftes Wissen angenommen werden können. In seinen letzten Lebensjahren erkrankte Fühmann an Krebs. Dadurch konnte er sein lang geplantes Hauptwerk, sein *Bergwerk*-Projekt nicht vollenden. Es erschien postum, versehen mit dem von ihm versehenen Titel *Im Berg. Bericht eines Scheiterns* als „ein unbefriedigendes Fragment"[73]. Als er am 8. Juli 1984 starb, „verließ er eine ihn bitter enttäuschende Welt, in der sich für seinen Blick noch keine Wendung zum Besseren anbahnte"[74]. Am Ende seines Lebens sah sich Fühmann demnach als gescheitert an, sowohl in der Literatur, als auch in der Hoffnung auf eine Gesellschaft, die er sich gewünscht hatte.

VI. Literaturverzeichnis

Böttcher, Kurt: Fühmann, Franz. In Günter Albrecht, Kurt Böttcher, Herbert Greiner-Mai & Paul Günter Krohn (Hg.): Lexikon deutschsprachiger Schriftsteller. Von den Anfängen bis zur Gegenwart. Band 1 / A-K. Leipzig 1974, S. 240-241.

Fühmann, Franz: Antwort auf eine Umfrage. In Horst Simon (Hg.): Zwischen Erzählen und Schweigen. Ein Buch des Erinnerns und Gedenkens. Franz Fühmann zum 65. Rostock: Hinstorff, 1987, S. 7-11.

---

[73]Richter 1992, S. 18.

[74] Richter 1992, S. 18.

16

Fühmann, Franz: Das Judenauto. In Franz Fühmann: Den Katzenartigen wollten wir verbrennen. Ein Lesebuch. Herausgegeben mit einem Nachwort von Hans-Jürgen Schmitt. Hamburg: Hoffmann und Campe, 1983, S. 55-65.

Fühmann, Franz: Den Katzenartigen wollten wir verbrennen. Meine Schulzeit im Dritten Reich. In Horst Simon (Hg.): Zwischen Erzählen und Schweigen. Ein Buch des Erinnerns und Gedenkens. Franz Fühmann zum 65. Rostock: Hinstorff, 1987, S. 13-23.

Heinze, Barbara: Franz Fühmann. Eine Biographie in Bildern, Dokumenten und Briefen. Rostock: Hinstorff, 1998.

Loest, Erich: Bruder Franz. Drei Vorlesungen über Franz Fühmann gehalten an der Universität Paderborn im Jahre 1986. Paderborn, München, Wien & Zürich: Ferdinand Schöningh, 1986.

Meyer-Scupin, Cornelia: Das lyrische Werk. In Walter Jens (Hg.): Kindlers Neues Literatur Lexikon. München: Kindler Verlag, 1989, S. 893-894.

Renolder, Klemens: Ach Du Engel meines Vaterlandes. Die böhmische Kindheit – auf den Wegen durch Österreich. In Horst Simon (Hg.): Zwischen Erzählen und Schweigen. Ein Buch des Erinnerns und Gedenkens. Franz Fühmann zum 65. Rostock: Hinstorff, 1987, S. 113-130.

Richter, Hans: Franz Fühmann. Ein deutsches Dichterleben. Berlin & Weimar: Aufbau-Verlag, 1992.

Wilhelm, Gertraude: Das Judenauto. Vierzehn Tage aus zwei Jahrzehnten. In Walter Jens (Hg.): Kindlers Neues Literatur Lexikon. München: Kindler Verlag, 1989, S. 895.

Wittstock, Uwe: Über die Fähigkeit zu trauern. Das Bild der Wandlung im Prosawerk von Christa Wolf und Franz Fühmann. Frankfurt am Main: Athenäum, 1987.

17